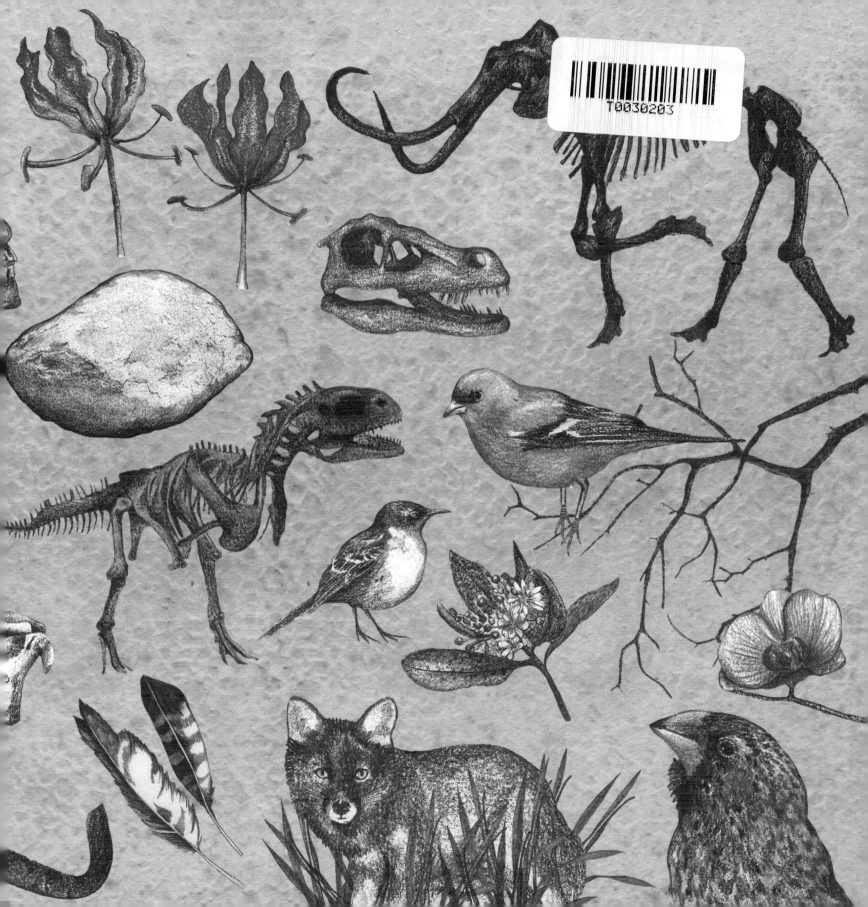

Con la colección **Unicornio**, desde Vegueta queremos realizar nuestra particular aportación al proyecto universal más apasionante que existe, el de la educación infantil y juvenil. Como una varita mágica, la educación tiene el poder de iluminar sombras y hacer prevalecer la razón, los principios y la solidaridad, impulsando la prosperidad.

Genios de la Ciencia, la serie de biografías de científicos e inventores, pretende aproximar a los niños a aquellos grandes personajes cuyo estudio, disciplina y conocimiento han contribuido al desarrollo y a la calidad de vida de nuestra sociedad.

Guía de lectura: ¿Deseas saber más sobre Charles Darwin y su época? Junto a 🦋 tendrás información más detallada y junto a 🎙 encontrarás citas de Charles Darwin.

Textos: Jorge Alcalde
Ilustraciones: Maria Padilla
Diseño: Sònia Estévez
Maquetación: Candela Ferrández

© Vegueta Ediciones
Roger de Llúria, 82, principal 1ª
08009 Barcelona
General Bravo, 26
35001 Las Palmas de Gran Canaria
www.veguetaediciones.com

ISBN: 978-84-17137-18-2
Depósito Legal: B 6477-2018
Impreso y encuadernado en España

GENIOS DE LA CIENCIA

CHARLES DARWIN

EL VIAJE QUE CAMBIÓ LA HISTORIA

TEXTOS JORGE ALCALDE
ILUSTRACIONES MARIA PADILLA

Vegueta Unicornio

Charles Darwin era mi amigo de la universidad. Estudiábamos en una de las más importantes del mundo, la Universidad de Cambridge, que además era de las más antiguas de habla inglesa, con edificios muy viejos y señoriales. Allí recibíamos clases los alumnos más aventajados. Charles Darwin estudiaba Teología. En realidad, fue su padre quien primero le insistió para que se hiciera médico y, cuando vio que no tenía vocación, lo animó a convertirse en sacerdote. A Charles no le importaba, aunque a él lo que más le apasionaba era la naturaleza, en especial los animales.

No sabíamos entonces que su amor por los animales lo llevaría a descubrir algo de una importancia capital: que todas las especies de seres vivos han evolucionado a partir de un antepasado común, mediante un proceso llamado *selección natural*. Con ese gran hallazgo, que Darwin llamó la teoría de la evolución, llegó a revolucionar la ciencia, la religión y la filosofía.

🎙 «El amor por todas las criaturas vivientes es el más noble atributo del hombre.»

🦋 **La familia de Charles**

El abuelo de Charles, Erasmus Darwin, fue un famoso médico y poeta fascinado por la fisiología natural. Tenía tanto prestigio en su profesión que el rey Jorge III lo quiso contratar como su médico personal, a lo que él se negó. El padre de Darwin también fue un médico respetado al que Charles consideraba «el mejor hombre que he conocido nunca». Todos en la familia eran contrarios a la esclavitud y defendían la libertad religiosa.

🦋 **Entomología**

Así se llama la ciencia que estudia los insectos. ¿Y por qué se llama así? Porque viene de la unión de dos palabras griegas. Una es *entomos*, que es como se decía «insecto» en griego clásico. La otra es *logos*, que quiere decir «ciencia». Muchísimas palabras científicas proceden de la mezcla de palabras griegas antiguas.

Entre todos los animales, los que más interesaban a Charles eran los insectos. Y, entre todos los insectos del mundo, el que le volvía loco era uno chiquito llamado *Panageus cruxmajor*, una especie de mariquita de color negro con una cruz marrón en la espalda.

Charles sabía que los *Panageus* existían, pero nunca había visto ninguno. Los había estudiado en sus libros de insectos. En aquella época no había publicaciones con fotografías. De hecho, casi nadie tenía una cámara de fotos en su casa porque la fotografía era un invento muy reciente. Así que los libros tenían solo textos o textos y dibujos. Había personas muy meticulosas que sabían dibujar muy bien y se encargaban de ilustrar los libros, entre ellos los de ciencia. Al joven Darwin le gustaba más que nada en este mundo ojear libros de insectos. Los tenía a docenas y todos eran especiales. Había páginas y páginas de dibujos de insectos con sus nombres, tamaños, características… Se aprendía de memoria todo lo que veía y luego salía al campo a buscar los insectos que había estudiado.

A Charles no le gustaban los deportes, ni salir con sus compañeros de clase. Yo solía decirle que viniera a tomar algunas pintas de cerveza, pero él dedicaba casi todo su tiempo libre a buscar insectos. Sin embargo, por mucho que lo intentara, nunca conseguía encontrar un *Panageus*, su insecto favorito. A ese tenía que conformarse con verlo dibujado en sus famosos libros.

Una tarde, Charles salió a pasear por los alrededores de la Universidad de Cambridge y, como siempre, empezó a recoger insectos. A media tarde ya tenía varios ejemplares cazados. Llevaba insectos en los bolsillos y un par de bichos más en cada una de las manos. Los cogía vivos con mucho cuidado para llevárselos luego a su habitación y estudiar su comportamiento. Y de repente… ¡zas! Ahí estaba. Delante de sus ojos apareció crepitando un *Panageus cruxmajor*.

El corazón empezó a latirle a toda prisa, la boca se le secó de los nervios. Tenía que capturarlo como fuera. Pero, ¿qué haría con los otros insectos que llevaba encima? Darwin era realmente ambicioso y los quería todos. No tenía manos para recoger a su nueva presa, ni quería dejar escapar a las que ya había cogido. Así que, ni corto ni perezoso, tomó una decisión: se metió en la boca uno de los bichos que llevaba en la mano y lo sujetó con los dientes. Con tan mala suerte que, por culpa de los nervios, apretó demasiado y aplastó al animal con la dentadura.

¡Qué asco! Era un insecto venenoso, cuya sangre tenía una sustancia irritante como mecanismo de defensa. Se le llenó la boca de veneno, empezó a escocerle la lengua y tuvo que volver corriendo a su habitación en busca de ayuda. Afortunadamente, el veneno era muy suave. Solo pasó un mal rato con la lengua y los labios doloridos y, por supuesto, con la pena de haber dejado escapar a su querido *Panageus*.

🎙 «He disfrutado de bastantes ratos de ocio por no tener que ganarme el pan.»

🦋 **Bichos, bichos, bichos**

Es imposible saber cuántos insectos hay en el mundo. Pero sí se sabe que, de todos los animales del planeta, los insectos son los más abundantes. Conocemos aproximadamente 1,3 millones de especies animales. Más de dos tercios de ellos (unos 900.000) son insectos. En todo caso, tiene que haber muchos más insectos de los que se han podido descubrir. Si un extraterrestre viniera a la Tierra, creería que lo normal en este planeta es ser un bicho.

«En conclusión, parece que nada puede ser mejor para un joven naturalista que un viaje a países lejanos.»

Botánica

Ciencia que estudia las plantas.

Así era Charles Darwin: un loco de los insectos. Aunque ya era todo un universitario y tenía que sentar la cabeza, no podía dejar de hacer locuras con tal de encontrar uno de esos animalitos que tanto amaba. Cuando acabó la carrera de Teología, escribió una carta a su hermana Caroline para darle la noticia: «Ya he terminado. He ido a las oficinas a sacar el título universitario y me ha costado quince libras. ¡Qué forma más tonta de malgastar el dinero!»

Lo único que a Darwin le interesaba de verdad eran la búsqueda de animales, el estudio de nuevas especies y la aventura. Quería conocer mundo, así que se hizo viajero.

En el año 1831, Charles cumplió 22 años y se embarcó en el que iba a ser el viaje de su vida. Ni siquiera sabía cuánto iba a durar. Aún me acuerdo de cómo vino a despedirse de mí poco antes de marchar. Yo había sido su mejor amigo en Cambridge, por lo que quiso que fuera el primero en saber la noticia: el profesor Henslow, uno de los expertos en botánica de la universidad, le había invitado a una aventura fantástica.

🦋 Humboldt, el maestro

Alexander von Humboldt fue un verdadero explorador. Viajó en barco por todo el planeta y se le considera el padre de la geografía moderna, así como uno de los mayores aventureros de la historia. Sus escritos sirvieron para que Darwin sobreviviera al largo viaje y, además, aprendiera a investigar en la naturaleza cosas que nunca antes se habían investigado.

Henslow quería conocer de cerca cómo eran las plantas de lugares muy lejanos del planeta. Por eso pidió formar parte de una expedición en barco que se dirigía a Sudamérica. Como el viaje iba a ser muy largo, pensó que vendría bien invitar a otros científicos, para que estudiaran junto a él no solo las plantas sino también los animales y los paisajes que se fueran encontrando. Entonces se acordó del joven y alocado Charles Darwin. Por supuesto, Charles no dudó en aceptar la invitación. ¡Era exactamente lo que quería!: viajar por el mundo buscando insectos de otros continentes, animales que ni siquiera podía imaginar que existieran.

Cuando Darwin decidió participar en la expedición, no tenía demasiados conocimientos de geología ni de biología. Pero sí tenía en mente los libros de Alexander von Humboldt, los había leído todos. En diciembre de 1831 zarpó en un barco llamado *HSM Beagle*. Salió de las costas de Inglaterra. Aquel viaje larguísimo iba a cambiar la historia de la ciencia.

El *HSM Beagle*

Esta embarcación de la Marina Real Británica fue escogida y equipada para inspeccionar las costas meridionales de América del Sur. Medía 27,5 metros de eslora (el largo) y 7,5 de manga (el ancho). En la expedición de Darwin viajaban 75 personas a bordo.

Una de las condiciones que puso Charles antes de embarcar fue que podría dejar la expedición cuando lo estimase conveniente. No sabía que tardaría en regresar nada menos que cuatro años y nueve meses. ¿Qué iba a hacer Charles Darwin tanto tiempo? Durante esos años, Darwin pasó muchos días fuera del barco, embarcando en fechas programadas cuando el *Beagle* regresaba a puerto. En total estuvo más de tres años en tierra firme, viajando por Chile y Argentina, visitando lugares exóticos increíbles. Fueron incalculables las horas que pasó observando, leyendo y estudiando. Era como empezar los estudios universitarios de nuevo.

Por supuesto, Charles tenía encomendadas algunas tareas en el barco. Su misión principal era buscar yacimientos de minerales en las montañas de Tierra del Fuego y ayudar a analizar las islas que se fuesen encontrando por el camino, para determinar si en ellas se podrían construir puertos. Pero esa era solamente la misión oficial, su salvoconducto para poder viajar en un barco como aquel. En realidad, la intención de Darwin era muy distinta: recoger muestras de todos los animales y plantas que hallase y anotarlo todo para escribir el libro de naturaleza más importante de la historia.

«Los viajes permiten descubrir que hay en el mundo muchas personas de corazón excelente, dispuestas siempre a servirnos aun cuando no se les haya visto jamás ni vayamos a volverlas a ver nunca.»

Tierra del Fuego

En el extremo sur de Chile y Argentina, el continente americano desaparece bajo el mar y surgen unas pequeñas islas separadas por canales, conocidas como El Fin del Mundo. Allí se encuentra el paso marítimo natural entre los océanos Atlántico y Pacífico, conocido como el estrecho de Magallanes. También se ubican allí el canal Beagle, que debe su nombre al barco de Darwin, y el peligroso paso del cabo de Hornos.

🎙 «Me convertí en una especie de máquina de observar hechos y sacar conclusiones.»

🦋 **Geología**

Los geólogos estudian la composición y estructura de nuestro planeta. La tierra que hay bajo nuestros pies está hecha a base de estratos. Son como capas que se superponen una sobre otra. Si imaginamos una tarta que esté cocinada con una capa de chocolate, otra de nata y otra de fresa, al cortarla se verían los diferentes colores uno encima de otro. Cuando miramos la Tierra por dentro, también hay capas de diferentes colores y tamaños. Las capas más profundas son las que emergieron antes, las más antiguas.

Y así fue cómo Charles empezó a tomar nota de todo lo que veía, casi sin descanso. Cada vez que paraban en un puerto, se bajaba con sus cuadernos y sus lapiceros y empezaba a caminar. En cada destino se encontraba con alguna sorpresa.

En un país africano llamado Cabo Verde se encontró con un montón de rocas volcánicas que tenían dentro miles de conchas de mar. ¿Cómo habían llegado allí aquellas conchas si no había agua?

En Brasil estudió los insectos del bosque tropical y en Argentina vio algo que lo dejó realmente patidifuso. Mientras visitaba un paraje llamado Monte Hermoso, descubrió que en medio de una colina había huesos de animales muy antiguos, tan antiguos que muchos de ellos ya no existían, se habían extinguido. Junto a ellos, encontró también fósiles de animales modernos. Allí estaban mezclados huesos de una especie de mamut gigante con restos de almejas y otros animales de concha del mar.

A Darwin aquello le inquietó mucho. ¿Por qué en el mismo punto del planeta había fósiles de épocas tan diferentes? Al joven viajero le empezó a rondar por la cabeza una idea... ¿Y si en cada capa de tierra se hubieran quedado enterrados animales de diferentes épocas y ahora pudiéramos estudiarlos todos juntos?

A Charles no se le iba aquella idea de la cabeza. Si podemos estudiar animales muy antiguos mirando las capas internas de la Tierra, se preguntaba, podremos establecer un orden desde los primeros animales que existieron hasta nuestros días.

Aquello era como mirar fotos de la familia: ves las fotos de tus padres, las de tus abuelos, las de los padres de tus abuelos, las de los padres de los padres de tus abuelos… Y así hasta que te has remontado tanto en el tiempo que no existen fotos de la época.

En el caso de Darwin, no miraba fotos de animales, pero sabía que podría lograr el mismo efecto estudiando fósiles cada vez más antiguos. Así, empezó a imaginar que todos los animales y plantas que hoy están vivos proceden de animales y plantas anteriores y que ya han desaparecido. Y que esos, a su vez, procedían de otras plantas y animales más antiguos. Pero, ¿y si tiramos del hilo hasta el final? Si cada animal procede de uno anterior, ¿cuál fue el primer animal de todos? ¿Y cuál fue la primera planta de todas?

 **Paleontología**

Si encontramos un animal fosilizado en una capa muy profunda, sabremos que es un animal muy antiguo. Ahora imaginemos que al excavar encontramos el fósil de un león. Y que, si cavamos más hondo, encontramos fósiles de leones más antiguos. Juntándolos todos, podremos analizar cómo ha cambiado el cuerpo de los leones a lo largo de la historia. Hay una ciencia que estudia el pasado a través de los fósiles: se llama paleontología y en la época de Darwin aún no existía.

Un error histórico

Antes de Darwin, los naturalistas pensaban que el planeta y las especies animales no habían cambiado desde su creación.

A Darwin esta pregunta le preocupaba un poco. De hecho, al principio no se atrevía ni siquiera a formularla. En su época todo el mundo creía que los animales y las plantas los había creado Dios con el mismo aspecto, tamaño y forma desde el primer momento. Se creía que los elefantes habían nacido así, los monos habían nacido así, incluso los seres humanos habían nacido así.

Pero, a medida que avanzaba en su viaje, Charles iba descubriendo que en el pasado había habido otro tipo de elefantes, de monos e incluso de seres humanos. Antiguamente, por ejemplo, hubo elefantes mucho más grandes que los de ahora y cubiertos de pelo. Después de mucho tiempo, esos animales cambiaron de forma y de pelaje. Surgieron nuevas especies de elefantes y los antiguos se extinguieron. Es decir, Dios no había creado los animales como son ahora. Los animales habían ido cambiando por su cuenta: habían evolucionado. A Darwin le daba miedo que lo llamasen loco o cosas peores por pensar eso.

🦋 **John Herschel**

Maestro de filósofos, Herschel fue el científico europeo más brillante de su época. Impulsor de la Nueva Astronomía, en sus libros ya había expuesto nociones cercanas a la idea de la evolución.

Sin embargo, todo lo que Charles se encontraba por el camino, todo lo que iba aprendiendo en aquel maravilloso viaje, parecía querer decirle que, efectivamente, tenía razón.

En Chile, fue testigo de un terremoto y observó cómo el levantamiento del terreno hacía aflorar cúmulos de valvas de mejillones de tiempos muy antiguos.

En las islas Galápagos se entretuvo en identificar cientos de variedades de pájaros pinzones. Parecían todos iguales, pero descubrió que en cada una de las islas los pájaros mostraban leves diferencias.

Vio árboles fosilizados a pie de playa en Ecuador y restos de animales marinos en las alturas de los Andes. Sí, en lo más alto de las montañas, había fósiles de animales marinos. ¿Pero eso no es imposible?

Cuando Charles Darwin estaba ya a punto de regresar a casa, en una escala de su barco coincidió con el astrónomo más famoso de su época: John Herschel. Un día quedaron a comer juntos y se lo pasaron entero charlando. Aquella conversación sirvió para que Darwin empezara a entender muchas cosas y le inspiró para escribir su gran obra.

Darwin acababa de entender todo lo que había visto en su fascinante viaje a bordo del *Beagle*. Por fin encontró la respuesta a las miles de preguntas que se había hecho. Regresó a su casa en Inglaterra y empezó a escribir el libro en el que contaría a todo el mundo lo que acababa de descubrir. Se le había ocurrido una teoría y le iba a poner nombre: la teoría de la evolución de las especies.

¿Y qué dice esa teoría? Darwin comprendió que los animales no fueron siempre como hoy los vemos, sino que han ido cambiando a lo largo de la historia. Las tortugas de hace millones de años no eran como las de ahora, los perros tampoco, ni siquiera los primeros seres humanos eran como nosotros.

Si vais a un museo de ciencia seguro que os encanta mirar las reproducciones de los seres humanos prehistóricos. Antes de que naciera nuestra especie humana había hombres y mujeres más bajitos, con mucho pelo en el cuerpo, con la cabeza abombada y la nariz más gruesa. Para nosotros es fácil entender que el ser humano ha cambiado de aspecto a lo largo de los años. Pero en la época de Darwin eso nadie lo había pensado.

 Teoría de la evolución

El principal descubrimiento de Darwin fue que los seres vivos evolucionan. Todos proceden de un ser vivo común que vivió hace miles de millones de años. De él fueron descendiendo especies animales cada vez más complejas. En el fondo todos los que habitamos la Tierra, desde los mosquitos a las lechugas, los pájaros, los gatos, los leones, las flores, los cocodrilos y los humanos..., todos tenemos un único antepasado común. Hoy sabemos que ese antepasado fue una bacteria que habitó el mundo hace casi cuatro mil millones de años, pero ese dato Darwin no llegó a conocerlo nunca.

🦋 **La extinción**

Para que los animales evolucionen, tienen que ser capaces de sobrevivir a numerosas amenazas. Durante millones de años, los dinosaurios dominaron la Tierra. Eran las bestias más poderosas del mundo. Pero hace 65 millones de años un meteorito cayó en nuestro planeta y provocó un cambio climático tremendo. Los dinosaurios no supieron adaptarse a ese cambio y murieron todos. En aquella época había otros animales que sí se adaptaron: se salvaron de la extinción y son el origen de los animales que hoy conocemos.

La teoría de la evolución explica que los animales y las plantas cambian con el tiempo y que muchos de ellos se extinguen y desaparecen. Por ejemplo, hace más de 65 millones de años el mundo estaba dominado por los dinosaurios. Y ahora los dinosaurios ya no existen.

¿Qué es lo que hace que unos animales sobrevivan y otros desaparezcan? Darwin tenía una respuesta: la adaptación al medio. Con el paso del tiempo, el entorno en el que vive toda la fauna y la flora va cambiando. A veces cambia la temperatura, otras veces cambia el tipo de suelo, hay terremotos y volcanes o se mueren las plantas que sirven de alimento. Algunos animales y vegetales no se acostumbran a esos cambios y se mueren. Solo los mejor adaptados sobreviven.

Por ejemplo, si de repente empieza a hacer mucho frío en un lugar del planeta, los conejos con más pelo en el cuerpo tendrán una ventaja sobre los menos abrigados. Seguro que ellos sobreviven mejor y también sus hijos, y los hijos de sus hijos… Al final quedarán cada vez menos conejos sin pelo hasta que desaparezcan todos. A eso Darwin lo llamó *evolucionar*.

¿Y los seres humanos también evolucionan? Darwin no llegó a entender del todo bien qué le había pasado al ser humano durante la historia de le evolución. Por desgracia, en su época no se habían descubierto muchos restos fósiles de antepasados del hombre. Sin embargo, hoy en día sabemos que la especie humana evoluciona del mismo modo que cualquier otro ser vivo. Seguro que habéis oído alguna vez decir que el hombre desciende de los monos. Bueno, en realidad eso no es del todo cierto. Los humanos y los simios de hoy en día somos primates y procedemos de un mismo animal común que fue el origen de todos los primates. La ciencia todavía no sabe cómo era ese antepasado común pero se intuye que vivió, por lo menos, hace siete millones de años y que tuvo muchos descendientes.

Es fácil entender todo esto si pensamos en nuestras familias. Hace muchos años un abuelo y una abuela tuvieron hijos. Y esos hijos tuvieron más hijos y los hijos más hijos…. Así creció una gran familia de bisabuelos, abuelos, tíos, primos, hermanos… Algunos de ellos se hicieron médicos, otras abogadas o arquitectas, otros taxistas o jugadores de baloncesto. Había una gran diversidad de familiares. Por desgracia, algunos murieron sin dejar descendencia. Los hay que se parecen mucho entre ellos (son como los hermanos y los primos más cercanos), mientras que otros no se parecen nada aunque sean de la misma familia.

«No hay ninguna diferencia fundamental entre el hombre y los animales en su capacidad de sentir placer y dolor, felicidad y miseria.»

La evolución humana sucedió de la misma manera. Del abuelo común de hace siete millones de años surgió una gran familia. Nacieron muchos tipos distintos de animales. La mayoría de ellos se extinguieron por el camino. Solo quedaron los que dieron origen a los seres humanos y a los demás primates. De manera que los simios y los humanos somos primos. ¿Os habéis fijado en que incluso nos parecemos físicamente? No se os ocurra insultar a nadie llamándole «cara de mono». Gracias a Darwin sabemos que los humanos somos también un poco monos.

Después de cuatro años de viaje y muchos más de trabajo sin descanso, el 22 de noviembre de 1859 salió de la imprenta la primera edición del libro *El origen de las especies mediante la selección natural*. Como el título era muy largo, la gente empezó a llamarlo solo *El origen de las especies*. Fue un éxito. Todo el mundo quería leerlo. En él se contaba una nueva manera de entender la naturaleza. Los seres vivos eran el resultado de los cambios de la evolución. Todo lo que habita este mundo, las plantas, los insectos, los animales y los seres humanos venimos de un mismo y único origen. Por eso es tan importante que nos respetemos: por eso es tan importante que cuidemos de toda, toda, toda la naturaleza.

Mucha gente cree, con razón, que el libro que escribió Charles Darwin fue el más importante de la historia de la ciencia. Gracias a él hoy entendemos por qué la naturaleza es como es y hemos aprendido a respetarla. Pero Darwin se murió sin llegar a ver la importancia que su libro tuvo para los científicos y científicas de las generaciones sucesivas. Él diseñó la teoría para conocer cómo evolucionan las especies, pero tras su muerte se sumaron muchas investigaciones más.

Cada vez que se descubre un fósil en algún lugar del planeta, podemos averiguar a qué especie pertenece, co-

nocer su antigüedad y entender qué relación tiene con el resto de los animales que hoy conocemos, y todo gracias a las teorías de Darwin. Por eso se dice que él fue el padre de la evolución.

La teoría de Charles Darwin no solo nos explicó de dónde venimos los seres vivos, sino que nos invitó a pensar en la vida como en un proceso, en la existencia como en algo cambiante donde no nos limitamos a ser, sino que nos vamos *convirtiendo* en aquello que somos. La importancia de esta nueva forma de ver el mundo es incalculable, ya que ha tenido influencia en todas las ramas del conocimiento.

«Si tuviera que vivir mi vida otra vez, me habría impuesto la norma de leer algo de poesía y escuchar música al menos una vez cada semana.»

EL PROTAGONISTA

Charles Robert Darwin nació el 12 de febrero de 1809 en Shrewsbury, Inglaterra. De niño siempre fue muy curioso, anotaba todo lo que aprendía en un cuaderno y amaba la naturaleza. También era muy aficionado a las colecciones. De hecho coleccionaba de todo: piedras, flores secas, insectos, huesos de animales... Cuando cumplió 16 años su padre lo mandó a estudiar Medicina lejos de casa. Pero a Charles no le gustaba esa materia, así que terminó marchando a Cambridge para estudiar Teología y hacerse sacerdote.

Sin embargo, cuando acabó la carrera una propuesta de su profesor de botánica le cambió la vida. Lo invitó a subirse a un barco e iniciar un viaje de más de cuatro años por todo el mundo. El barco se llamaba *HMS Beagle*.

OTROS HITOS Y GENIOS DE LA HISTORIA

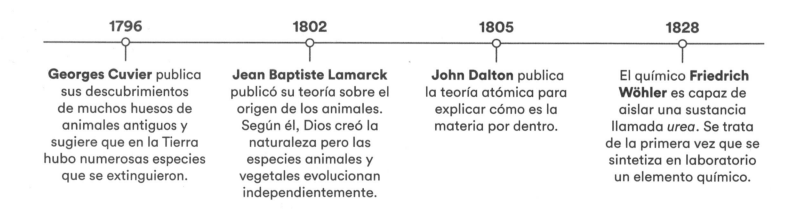

1796

Georges Cuvier publica sus descubrimientos de muchos huesos de animales antiguos y sugiere que en la Tierra hubo numerosas especies que se extinguieron.

1802

Jean Baptiste Lamarck publicó su teoría sobre el origen de los animales. Según él, Dios creó la naturaleza pero las especies animales y vegetales evolucionan independientemente.

1805

John Dalton publica la teoría atómica para explicar cómo es la materia por dentro.

1828

El químico **Friedrich Wöhler** es capaz de aislar una sustancia llamada *urea*. Se trata de la primera vez que se sintetiza en laboratorio un elemento químico.

A bordo de ese barco empezó a imaginar una teoría científica realmente revolucionaria. Poco a poco fue concluyendo que todas las especies animales y vegetales que existen proceden de un mismo origen común. Y que, a lo largo del tiempo, las especies se van diversificando. Unas sobreviven y otras se extinguen. A ese proceso de sobrevivir y extinguirse, Darwin lo llamó *selección natural*.

Muchos años después de volver de su viaje, en 1859, Charles publicó un libro con todas las ideas que había desarrollado durante sus singladuras en el *Beagle*. El libro se llamó *El origen de las especies mediante la selección natural*. Hoy se está de acuerdo en la importancia de ese libro en la historia de la biología, pues explicó por primera vez cómo han evolucionado todos los animales y plantas hasta convertirse en lo que hoy son.

1838
Matthias Schleiden descubre que todas las plantas están hechas de células.

1859
Charles Darwin publica *El origen de las especies*.

1861
Louis Pasteur descubre cómo viven los gérmenes, al observar por primera vez que las levaduras aumentaban su tasa de crecimiento mientras disminuían su producción de alcohol.

1865
Gregor Mendel define las leyes de la herencia.